Upper Levels Public Schools
Spanish Language Learners
Department

MU00711181

Del campo a los floristas

Felix James

Miren las flores.
Están a la venta
en la floristería.

Las personas que venden flores se llaman floristas.
¿Dónde consiguen las flores los floristas?

Los agricultores cultivan las flores.

Algunas flores se cultivan en campos enormes.

4

Algunas flores se cultivan en invernaderos.

En la mañana, los agricultores cortan las flores que pondrán a la venta en el mercado.

Ponen las flores que cortaron en su camioneta.

6

Llevan las flores al mercado.

En el mercado, las flores se meten en cubos llenos de agua.
El agua ayuda a que las flores se mantengan frescas.

$4

8

Los floristas visitan el mercado. Es aquí donde consiguen las flores que pondrán a la venta en sus floristerías.

9

Los floristas preparan las flores para venderlas en la floristería. Con algunas flores hacen ramos.

10

La gente compra las flores en la floristería.

11

Del campo a los floristas

Se cultivan
las flores.

Se llevan
al mercado.

Se venden en
la floristería.

La gente
las compra.